De tortā nataliciā

Michael Hirschler

Vindobonae MMXVIII

Hanc fabellam finxit scripsitque: Michael Hirschler

Imagines pinxit: Creativeadobe (nomen artificiale)

Copyright © 2018 Michael Hirschler

All rights reserved.

No part of this book may be reproduced or transmitted in any form or by any means, electronic or mechanical, including photocopying, recording or otherwise, without the prior written permission of the author.

ISBN: 1720516421
ISBN-13: 978-1720516422

Verenae sorori

De tortā nataliciā

Tullia est puella duodecim annos nata.

Tulliae amica dilectissima est Iulia.

Quodam die Tullia ab Iuliā ad nataliciam[1] eius invitata est.

---

[1] *natalicia*, -ae f.: Geburtstagsparty / birthday party

Diu Tullia cogitat, quid Iuliae donare possit.

Iulia multas iam res habet: multos libros, multas armillas[2], multa monilia[3], multas vestes, multos calceos, multas pupas[4] et multas alias res …

---

[2] *armilla*, -ae f.: Armband / bracelet
[3] *monile*, monilis n.: Halskette / necklace
[4] *pupa*, -ae f.: Puppe / doll

Tullia tristis est. Quae enim sine aliquo dono venire non potest ad nataliciam[1].

Postremo idea quaedam ei in mentem venit: Tullia ipsa tortam nataliciam coquere[5] vult!

---

[5] *coquo*, coquis, coquere, coxi, coctum: backen; kochen / to bake, to cook

Statim Tullia in superinstitorium[6] properat, quia domi ad tortam coquendam[5] multis rebus caret.

In superinstitorio[6] Tullia emit farinam[7], butyrum[8], saccharum[9], chocolatam[10] et bacas[11] varias, ut fraga[12] et rubos[13].

---

[6] *superinstitorium*, -i n.: Supermarkt / supermarket
[7] *farina*, -ae f.: Mehl / flour
[8] *butyrum*, -i n.: Butter / butter
[9] *saccharum*, -i n.: Zucker / sugar
[10] *chocolata*, -ae f.: Schokolade / chocolate
[11] *baca*, -ae f.: Beere / berry
[12] *fraga*, -orum n. (*Pl.*): Erdbeeren / strawberries
[13] *rubus*, -i m.: brombeere / blackberry

Cum sit iterum domi, Tullia in culinam[14] poperat incipitque coquere[5] illam Iuliae tortam.

Subito mater sua in culinam[14] venit interrogatque Tulliam, num eam in coquendo[5] adiuvare possit.

Tullia autem respondet se ipsam coquere[5] velle illam tortam.

Itaque mater iterum e culinā[14] abit.

---

[14] culina, -ae f.: Küche / kitchen

Tullia omnes res, quas in superinstitorio⁶ emit, spectat.

Subito intellegit se unam rem maximi momenti non habere: Tullia enim oblita est emere ova[15]!

Totā in domo ova[14] non habent.

Quid Tullia nunc faciat?

---

[15] *ovum*, -i n.: Ei / egg

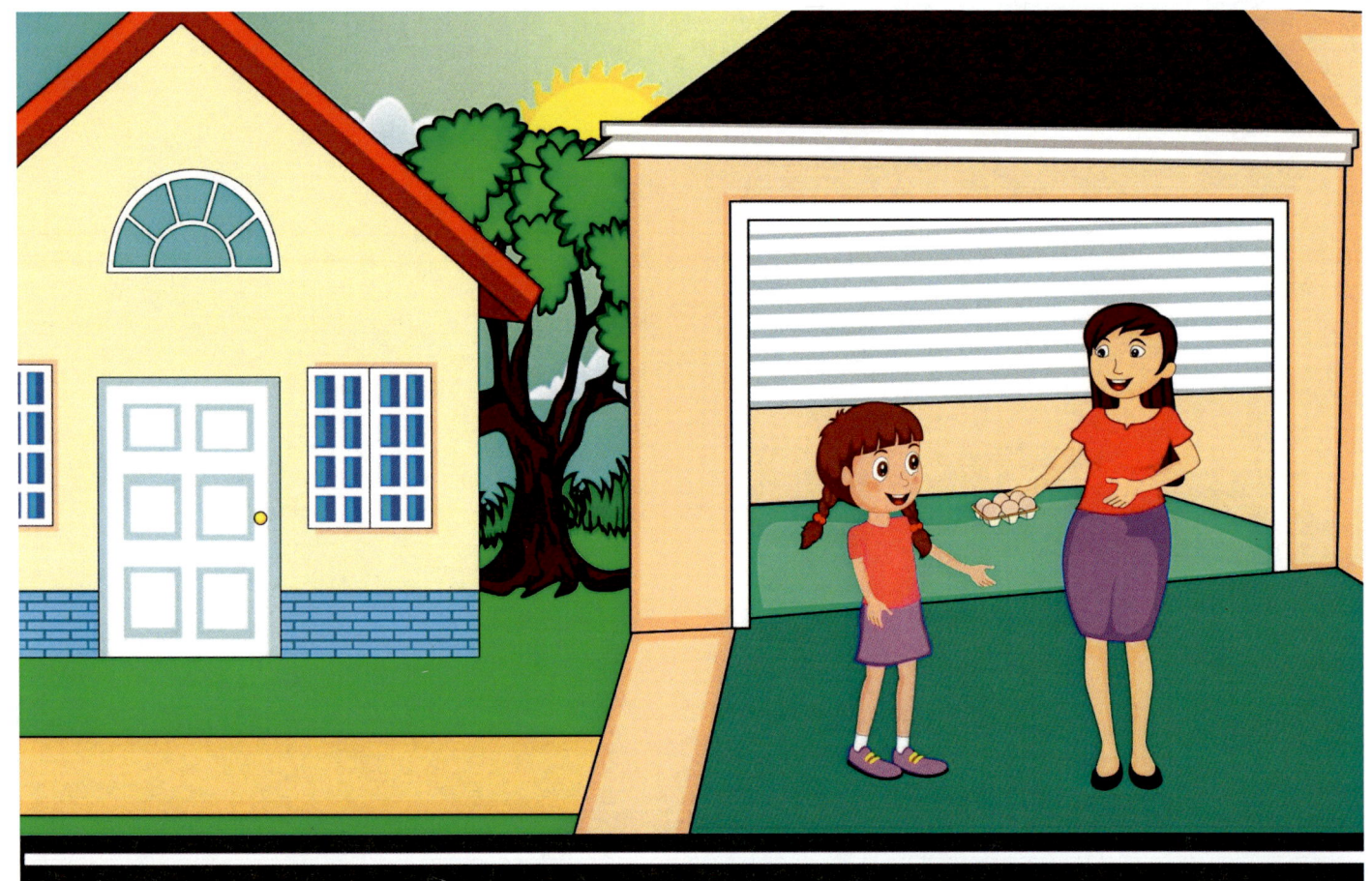

Tullia statim domum relinquit et ad Lydiam, vicinam[16] suam, properat.

Lydia ante domum suam sedet.

Lydiā salutatā Tullia eam interrogat, num sibi ova[14] dare possit.

Lydia libenter Tulliae ova[14] dat.

Tullia nunc iterum laeta est et domum properat, ut tortam coquat[5].

---

[16] *vicina*, -ae f.: Nachbarin / neighbour

Post multas horas torta denique confecta est.

Tullia secum cogitat: Quam pulchra est illa torta!

Nunc Tullia laeta tortam ferrens ad nataliciam[1] Iuliae ambulat.

Iulia, cum videat tortam a Tulliā factam, valde gaudet, quod Tullia sibi tam pulchram tortam donat. Iulia laeta est, quod mater sua tempus non habuit ad tortam coquendam[5].

Itaque Iulia diu tristis fuit, sed nunc laeta est, quia tortam habet.

Tullia gaudet, quod Iuliae tortam maxime placet.

Tullia et Iulia et multi alii amici invitati laetissime celebrant festum diei natalis et omnes gustant tortam a Tulliā factam.

Index verborum

a, ab	von / from, by	**libenter**	gerne / gladly
abeo, abis, abire, abii, abitum	weggehen / to go away	**liber**, libri m.	Buch / book
ad	zu, an, bei / to, towards	**ludicrum**, -i n.	Spielzeug / toy
adiuvo, adiuvas, adiuvare, adiuvi, adiutum	helfen / to help	**mater**, matris f.	Mutter / mother
aliqui, aliquae, aliquod	irgendein / some	**maxime**	sehr / very
alius, -a, -um	ein anderer / another	**maximi momenti**	wichtig / important
ambulo, ambulas, ambulare, ambulavi, ambulatum	spazieren / to walk	**mens**, mentis f.	Gedanke / mind
amica, -ae f.	Freundin / (female) friend	**monile**, monilis n.	Halskette / necklace
annus, -i m.	Jahr / year	**multi**, multae, multa	viele / many
ante	vor / in front of	**natalicia**, -ae f.	Geburtstagsparty / birthday party

armilla, -ae f.	Armband / bracelet	**natalicius**, -a, -um	Geburts(tags)… / relating to birth
autem	aber / however	**natus**, -a, -um	geboren / born
baca, -ae f.	Beere / berry	**non**	nicht / not
butyrum, -i n.	Butter / butter	**num**	ob / if
calceus, -i m.	Schuh / shoe	**nunc**	jetzt / now
careo, cares, caret, carui	nicht haben / to be without	**obliviscor**, oblivisci, oblitus sum	vergessen / to forget
celebro, celebras, celebrare, celebravi, celebratum	feiern / to celebrate	**omnes**, omnium	alle / everyone, everything
chocolata, -ae f.	Schokolade / chocolate	**ovum**, -i n.	Ei / egg
cogito, cogitas, cogitare, cogitavi, cogitatum	denken, überlegen / to think	**quam**	wie / how
conficio, conficis, conficere, confeci, confectum	fertigstellen / to complete	**qui**, quae, quod	welcher, welche, welches / who, which
coquo, coquis, coquere, coxi, coctum	backen; kochen / to bake, to cook	**quia**	weil / because
culina, -ae f.	Küche / kitchen	**quid**	was / what

cum (+ *Abl.*)	mit / with	**quidam**, quaedam, quoddam	ein (gewisser) / a certain one
cum (+*Konj.*)	wenn, als, während, nachdem / when, after	**quod**	weil / because
do, das, dare, dedi, datum	geben / to give	**placet**, placuit	es gefällt / pleases
denique	schließlich / finally	**possum**, potes, posse, potui	können / to be able
dies, diei m.	Tag / day	**propero**, properas, properare, properavi, properatum	eilen / to hurry
dies natalis, diei natalis m.	Geburtstag / birthday	**post**	nach, hinter / after, behind
dilectus, -a, -um	lieb, teuer / dear	**postremo**	schließlich / finally
diu	lange / a long time	**puella**, -ae f.	Mädchen / girl
domus, -us f.	Haus / house	**pulcher**, pulchra, pulchrum	schön / beautiful
domi	zu Hause / at home	**pupa**, -ae f.	Puppe / doll
domum	nach Hause / homeward	**relinquo**, relinquere, -reliqui, relictum	verlassen / to leave

dono, donas, donare, donavi, donatum	schenken / to present, to give	**respondeo**, respondere, respondi, responsum	antworten / to answer
donum, -i n.	Geschenk / present	**res**, rei f.	Sache / thing
duodecim	zwölf / twelve	**rubus**, -i m.	Brombeere / blackberry
e, ex	aus, heraus / from, out of	**saccharum**, -i n.	Zucker / sugar
emo, emis, emere, emi, emptum	kaufen / to buy	**saluto**, salutas, salutare, salutavi, salutatum	grüßen / to greet
enim	nämlich / namely	**se**	sich / himself, herself
et	und / and	**sedeo**, sedes, sedere, sedi, sessum	sitzen / to sit
facio, facis, facere, feci, factum	tun, machen / to make, to do	**sine**	ohne / without
farina, -ae f.	Mehl / flour	**specto**, spectas, spectare, spectavi, spectatum	ansehen, betrachten / to look at
fero, fers, ferre, tuli, latum	tragen, bringen / to bring	**statim**	sofort / immediately
festum, -i n.	Feier / party	**subito**	plötzlich / suddenly

fraga, -orum n. (*Pl.*)	Erdbeere / strawberry	**sum**, es, esse, fui	sein / to be
gaudeo, gaudes, gaudere, gavisus sum	sich freuen / to be happy	**superinstitorium**, -i n.	Supermarkt / supermarket
gusto, gustas, gustare, gustavi, gustatum	kosten / to taste	**suus**, -a, -um	sein, ihr / his, her
habeo, habes, habere, habui, habitum	haben / to have	**tam**	so / so
hora, -ae f.	Stunde / hour	**tempus**, temporis n.	Zeit / time
iam	schon / already	**torta**, -ae f.	Torte / cake
idea, -ae f.	Idee / idea	**torta natalicia**	Geburtstagstorte / birthday cake
ille, illa illud	jener, jene, jenes / that one	**totus**, -a, -um	ganz / whole, entire
in	in, nach / in, into	**tristis**, -e	traurig / sad
incipio, incipis, incipere, coepi, coeptum	anfangen / to begin	**unus**, -a, -um	ein, eine, eines / one, only one
intellego, intellegis, intellegere, intellexi, intellectum	erkennen / to realize	**ut** (+ *Ind.*)	wie / like
		vel	oder / or

interrogo, interrogas, interrogare, interrogavi, interrogatum	fragen / to ask	**venio**, venis, venire, veni, ventum	kommen / to come
invito, invitas, invitare, **invitavi**, invitatum	einladen / to invite	**vestis**, -is f.	Kleidung / clothing
ipse, **ipsa**, **ipsum**	(er, sie, es) selbst / himself, herself, itself	**vicina**, -ae f.	Nachbarin / neighbour
is, **ea**, **id**	dieser, diese, dieses / he, she, it	**video**, vides, videre, vidi, visum	sehen / to see
eius	Genitiv Singular von *ea* „dieser; von ihr" / Genitive singular of *ea* „her"	**volo**, vis velle, volui	wollen / to want
itaque	deshalb / therefore		
iterum	wieder / again		
laetus, -a, -um	fröhlich / happy		

Verba auctoris

Scripsi hanc fabellam, quae vocatur «De tortā nataliciā», omnibus lectoribus lectricibusque, qui quaeve vel in pueritiā vel in adulescentiā vel in senectute sunt. Unicuique vestrum haec mea fabella magno gaudio sit!

Ut est consuetudo mea, hanc fabellam scripsi neque disputationis philologicae neque disciplinae grammaticae causā. Scripsi eam tantum delectationis causā. Unicuique, qui quaeve hunc libellum explicat, volo dare facultatem, ut sine molestiā hanc fabellam et facile et bene legere possit. Hāc in fabellā scripsi omnia verba sine syllabis neque longis neque brevibus, nisi ea verba generis feminini, quibus est declinatio prima. Quoniam illa verba in nominativo et ablativo singulari litterā «a» finiuntur, invenientur illa verba in ablativo scripta longā syllabā, quae est «ā», ut facilius destinguantur. Haec fabella tota a me ipso ficta scriptaque est. Culpa ergo mea ipsa est, si invenias qua menda sive grammatica sive stilistica.

Ego gratias maximas ago etiam pictrici, quae nomine artificiali vocatur Creativeadobe et quae optime pinxit imagines hoc in libello editas.

Michael Hirschler

De auctore

Michael Hirschler natus est Vindobonae anno MCMLXXXVII. In universitate Vindobonensi archaeologiae classicae historiaeque antiquae studebat. Michael Hirschler in gymnasio quodam Austriaco linguam Latinam docet.

Ad hoc tempus ab auctore divulgati sunt hi libelli Latini:

    De claustro magico. 2017. 44 pp. Editio: CreateSpace. ISBN: 978-1973918882

    Calio. Fabula Latina. 2017. 60 pp. Editio: CreateSpace. ISBN: 978-1978197169

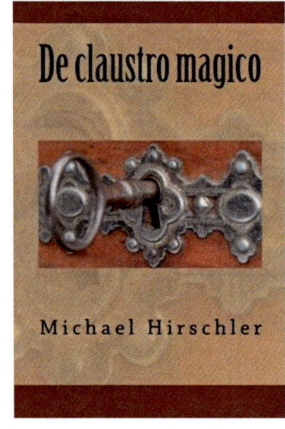

Title: De claustro magico (paperback, 44 pages)
Publisher: CreateSpace
Author: Michael Hirschler
Place, Year: Vienna, 2017
Language: Latin

ISBN: 978-1973918882

About the book

„De claustro magico" („The magical lock") is a fairy tale about true love and about the fact that love overcomes social prejudices: A king who loves his only daughter wants to prevent that a prince could marry her just due to her money and wealth. He wishes for his daughter a husband who loves her truly. Therefore the king checks every new candidate with the help of a magical door lock.

This fairy tale is totally written in Latin for second or third year Latin students, but also very suitable for all who love to read Latin stories.

Title: Calio. Fabula Latina (paperback, 60 pages)
Publisher: CreateSpace
Author: Michael Hirschler
Place, Year: Vienna, 2017
Language: Latin

ISBN: 978-1978197169

About the book

Calio is a nymph of the goddess of the hunt Diana. She is not only the most beautiful, but also the most arrogant nymph of all. After the love god Cupid was mocked by Calio, he shoots an arrow at Calio. Thereafter the nymph falls in love with a man and loses her virginity. When Diana finds out this sacrilege, she punishes Calio by taking away the nymph's beauty. As an ugly and despised woman, Calio lives retreated in the woods – until one day a young man enters her life …

This story inspired by Greek mythology is written in Latin for third year and advanced Latin students. It is also very suitable for all who love to read Latin stories.

Made in United States
North Haven, CT
03 October 2022

24952524R00022